collana

MINUSCOLI

NEL CATALOGO ÀNCORA

Davide Caldirola
L'angelo dell'ultima ora
Parole per la notte di Natale

Guglielmo Cazzulani
Non sembrava nemmeno Dio
Parole sul mistero del Natale

Bruno Maggioni
Venne fra la sua gente
Meditazioni sui Vangeli dell'infanzia

Carlo Maria Martini
Camminate senza stancarvi
Riflessioni sull'Avvento

Franco Mosconi
Ha promesso che tornerà
Avvento - Natale

Rosanna Virgili
Il «no» di Elisabetta
Lettura di Luca 1-2

Zaira Zuffetti
Sognando Betlemme
I tre viaggi dei Magi nell'arte

Francesco

Admirabile signum

Lettera apostolica
sul significato
e il valore del presepe

ANCORA

Le fotografie della copertina e dell'interno sono state realizzate da Paola Gaviraghi.
I presepi sono di fra Marie Bernard Barioulet.
Tutte le immagini sono tratte dal volume *Ritorniamo al presepio in famiglia* di Nora Possenti Ghiglia (Àncora, Milano 2014).

I titoli dei paragrafi sono a cura della redazione Àncora.

ÀNCORA EDITRICE
Via B. Crespi, 30 - 20159 Milano
Tel. 02.345608.1 - Fax 02.345608.66
editrice@ancoralibri.it
www.ancoralibri.it

N.A. 6022

ISBN 978-88-514-2296-7

Stampa: Àncora Arti Grafiche - Milano

Questo prodotto è composto da materiale che proviene da foreste ben gestite certificate FSC ® e da materiali riciclati.

MISTO
Carta
FSC FSC® C108340

LETTERA APOSTOLICA

ADMIRABILE SIGNUM

DEL SANTO PADRE
FRANCESCO

SUL SIGNIFICATO
E IL VALORE DEL PRESEPE

Un segno mirabile

Il mirabile segno del presepe, così caro al popolo cristiano, suscita sempre stupore e meraviglia. Rappresentare l'evento della nascita di Gesù equivale ad annunciare il mistero dell'Incarnazione del Figlio di Dio con semplicità e gioia. Il presepe, infatti, è come un Vangelo vivo, che trabocca dalle pagine della Sacra Scrittura. Mentre contempliamo la scena del Natale, siamo invitati a metterci spiritualmente in cammino, attratti dall'umiltà di Colui che si è fatto uomo per incontrare ogni uomo. E scopriamo che Egli ci ama a tal punto da unirsi a noi, perché anche noi possiamo unirci a Lui.

Con questa Lettera vorrei sostenere la bella tradizione delle nostre famiglie, che nei giorni precedenti il Natale preparano il presepe. Come pure la consuetudine di allestirlo nei luoghi di lavoro, nelle scuole, negli ospedali, nelle carceri, nelle piazze… È davvero un esercizio di fantasia creativa, che impiega i materiali più disparati per dare vita a piccoli capolavori di bellezza. Si impara da bambini: quando papà e mamma, insieme ai nonni, trasmettono questa gioiosa abitudine, che racchiude in sé una ricca spiritualità popolare. Mi auguro che questa pratica non venga mai meno; anzi, spero che, là dove fosse caduta in disuso, possa essere riscoperta e rivitalizzata. *(n. 1)*

Alle origini del presepe

L'origine del presepe trova riscontro anzitutto in alcuni dettagli evangelici della nascita di Gesù a Betlemme. L'Evangelista Luca dice semplicemente che Maria «diede alla luce il suo figlio primogenito, lo avvolse in fasce e lo pose in una mangiatoia, perché per loro non c'era posto nell'alloggio» (2,7). Gesù viene deposto in una mangiatoia, che in latino si dice *praesepium*, da cui *presepe*.

Entrando in questo mondo, il Figlio di Dio trova posto dove gli animali vanno a mangiare. Il fieno diventa il primo giaciglio per Colui che si rivelerà come «il pane disceso dal cielo» (*Gv* 6,41). Una simbologia che già Sant'Agostino, insieme ad altri Padri, aveva colto quando scriveva: «Adagiato in una mangiatoia, divenne nostro cibo» (*Serm.* 189,4). In realtà, il presepe contiene diversi misteri della vita di Gesù e li fa sentire vicini alla nostra vita quotidiana.

Ma veniamo subito all'origine del presepe come noi lo intendiamo. Ci rechiamo con la mente a Greccio, nella Valle Reatina, dove San Francesco si fermò venendo probabilmente da Roma, dove il 29 novembre 1223 aveva ricevuto dal Papa Onorio III la conferma della sua Regola. Dopo il suo viaggio in Terra Santa, quelle grotte gli ricordavano in modo particolare il paesaggio di Betlemme. Ed è possibile che il Poverello fosse rimasto colpito, a Roma, nella Basilica di Santa Maria Maggiore, dai

mosaici con la rappresentazione della nascita di Gesù, proprio accanto al luogo dove si conservavano, secondo un'antica tradizione, le tavole della mangiatoia.

Le *Fonti Francescane* raccontano nei particolari cosa avvenne a Greccio. Quindici giorni prima di Natale, Francesco chiamò un uomo del posto, di nome Giovanni, e lo pregò di aiutarlo nell'attuare un desiderio: «Vorrei rappresentare il Bambino nato a Betlemme, e in qualche modo vedere con gli occhi del corpo i disagi in cui si è trovato per la mancanza delle cose necessarie a un neonato, come fu adagiato in una greppia e come giaceva sul fieno tra il bue e l'asinello» (*FF*, 468). Appena l'ebbe ascoltato, il fedele amico andò subito ad approntare sul luogo designato tutto il necessario, secondo il desiderio del Santo. Il 25 dicembre giunsero a Greccio molti frati da varie parti e arrivarono anche uomini e donne dai casolari della zona, portando fiori e fiaccole per illuminare quella santa notte. Arrivato Francesco, trovò la greppia con il fieno, il bue e l'asinello. La gente accorsa manifestò una gioia indicibile, mai assaporata prima, davanti alla scena del Natale. Poi il sacerdote, sulla mangiatoia, celebrò solennemente l'Eucaristia, mostrando il legame tra l'Incarnazione del Figlio di Dio e l'Eucaristia. In quella circostanza, a Greccio, non c'erano statuine: il presepe fu realizzato e vissuto da quanti erano presenti[1].

È così che nasce la nostra tradizione: tutti attorno alla grotta e ricolmi di gioia, senza più alcuna distanza tra

[1] Cfr Tommaso da Celano, *Vita Prima*, 85: *Fonti francescane* (*FF*), n. 469.

l'evento che si compie e quanti diventano partecipi del mistero.

Il primo biografo di San Francesco, Tommaso da Celano, ricorda che quella notte, alla scena semplice e toccante s'aggiunse anche il dono di una visione meravigliosa: uno dei presenti vide giacere nella mangiatoia Gesù Bambino stesso. Da quel presepe del Natale 1223, «ciascuno se ne tornò a casa sua pieno di ineffabile gioia»[2]. *(n. 2)*

[2] *Ibid.*, 86: *FF*, n. 470.

Rivivere il Natale

San Francesco, con la semplicità di quel segno, realizzò una grande opera di evangelizzazione. Il suo insegnamento è penetrato nel cuore dei cristiani e permane fino ai nostri giorni come una genuina forma per riproporre la bellezza della nostra fede con semplicità. D'altronde, il luogo stesso dove si realizzò il primo presepe esprime e suscita questi sentimenti. Greccio diventa un rifugio per l'anima che si nasconde sulla roccia per lasciarsi avvolgere nel silenzio.

Perché il presepe suscita tanto stupore e ci commuove? Anzitutto perché manifesta la tenerezza di Dio. Lui,

il Creatore dell'universo, si abbassa alla nostra piccolezza. Il dono della vita, già misterioso ogni volta per noi, ci affascina ancora di più vedendo che Colui che è nato da Maria è la fonte e il sostegno di ogni vita. In Gesù, il Padre ci ha dato un fratello che viene a cercarci quando siamo disorientati e perdiamo la direzione; un amico fedele che ci sta sempre vicino; ci ha dato il suo Figlio che ci perdona e ci risolleva dal peccato.

Comporre il presepe nelle nostre case ci aiuta a rivivere la storia che si è vissuta a Betlemme. Naturalmente, i Vangeli rimangono sempre la fonte che permette di conoscere e meditare quell'Avvenimento; tuttavia, la sua rappresentazione nel presepe aiuta ad immaginare le scene, stimola gli affetti, invita a sentirsi coinvolti nella storia della salvezza, contemporanei dell'evento che è vivo e attuale nei più diversi contesti storici e culturali.

In modo particolare, fin dall'origine francescana il presepe è un invito a "sentire", a "toccare" la povertà che il Figlio di Dio ha scelto per sé nella sua Incarnazione. E così, implicitamente, è un appello a seguirlo sulla via dell'umiltà, della povertà, della spogliazione, che dalla mangiatoia di Betlemme conduce alla Croce. È un appello a incontrarlo e servirlo con misericordia nei fratelli e nelle sorelle più bisognosi (cfr *Mt* 25,31-46). *(n. 3)*

Guardando il cielo stellato

Mi piace ora passare in rassegna i vari segni del presepe per cogliere il senso che portano in sé. In primo luogo, rappresentiamo il contesto del cielo stellato nel buio e nel silenzio della notte. Non è solo per fedeltà ai racconti evangelici che lo facciamo così, ma anche per il significato che possiede. Pensiamo a quante volte la notte circonda la nostra vita. Ebbene, anche in quei momenti, Dio non ci lascia soli, ma si fa presente per rispondere alle domande decisive che riguardano il senso della nostra esistenza: chi sono io? Da dove vengo? Perché sono nato in questo tempo? Perché amo? Perché soffro? Perché morirò? Per dare una risposta a questi interrogativi Dio si è fatto uomo. La sua vicinanza porta luce dove c'è il buio e rischiara quanti attraversano le tenebre della sofferenza (cfr *Lc* 1,79).

Una parola meritano anche i paesaggi che fanno parte del presepe e che spesso rappresentano le rovine di case e palazzi antichi, che in alcuni casi sostituiscono la grotta di Betlemme e diventano l'abitazione della Santa Famiglia. Queste rovine sembra che si ispirino alla *Legenda Aurea* del domenicano Jacopo da Varazze (secolo XIII), dove si legge di una credenza pagana secondo cui il tempio della Pace a Roma sarebbe crollato quando una Vergine avesse partorito. Quelle rovine sono soprattutto il segno visibile dell'umanità decaduta, di tutto ciò che va in rovina, che è corrotto e intristito.

Questo scenario dice che Gesù è la novità in mezzo a un mondo vecchio, ed è venuto a guarire e ricostruire, a riportare la nostra vita e il mondo al loro splendore originario. *(n. 4)*

Testimoni dell'essenziale

Quanta emozione dovrebbe accompagnarci mentre collochiamo nel presepe le montagne, i ruscelli, le pecore e i pastori! In questo modo ricordiamo, come avevano preannunciato i profeti, che tutto il creato partecipa alla festa della venuta del Messia. Gli angeli e la stella cometa sono il segno che noi pure siamo chiamati a metterci in cammino per raggiungere la grotta e adorare il Signore.

«Andiamo fino a Betlemme, vediamo questo avvenimento che il Signore ci ha fatto conoscere» (*Lc* 2,15): così dicono i pastori dopo l'annuncio fatto dagli angeli. È un insegnamento molto

bello che ci proviene nella semplicità della descrizione. A differenza di tanta gente intenta a fare mille altre cose, i pastori diventano i primi testimoni dell'essenziale, cioè della salvezza che viene donata. Sono i più umili e i più poveri che sanno accogliere l'avvenimento dell'Incarnazione. A Dio che ci viene incontro nel Bambino Gesù, i pastori rispondono mettendosi in cammino verso di Lui, per un incontro di amore e di grato stupore. È proprio questo incontro tra Dio e i suoi figli, grazie a Gesù, a dar vita alla nostra religione, a costituire la sua singolare bellezza, che traspare in modo particolare nel presepe. *(n. 5)*

I poveri e i semplici

Nei nostri presepi siamo soliti mettere tante statuine simboliche. Anzitutto, quelle di mendicanti e di gente che non conosce altra abbondanza se non quella del cuore. Anche loro stanno vicine a Gesù Bambino a pieno titolo, senza che nessuno possa sfrattarle o allontanarle da una culla talmente improvvisata che i poveri attorno ad essa non stonano affatto. I poveri, anzi, sono i privilegiati di questo mistero e, spesso, coloro che maggiormente riescono a riconoscere la presenza di Dio in mezzo a noi.

I poveri e i semplici nel presepe ricordano che Dio si fa uomo per quelli che più sentono il bisogno del suo amore e chiedono la sua vicinanza. Gesù, «mite e umile di cuore» (*Mt* 11,29), è nato povero, ha condotto una vita semplice per insegnarci a cogliere l'essenziale e vivere di esso. Dal presepe emerge chiaro il messaggio che non possiamo lasciarci illudere dalla ricchezza e da tante proposte effimere di felicità. Il palazzo di Erode è sullo sfondo, chiuso, sordo all'annuncio di gioia. Nascendo nel presepe, Dio stesso inizia l'unica vera rivoluzione che dà speranza e dignità ai diseredati, agli emarginati: la rivoluzione dell'amore, la rivoluzione della tenerezza. Dal presepe, Gesù proclama, con mite potenza, l'appello alla condivisione con gli ultimi quale strada verso un mondo più umano e fraterno, dove nessuno sia escluso ed emarginato.

Spesso i bambini – ma anche gli adulti! – amano aggiungere al presepe altre statuine che sembrano non avere alcuna relazione con i racconti evangelici. Eppure, questa immaginazione intende esprimere che in questo nuovo mondo inaugurato da Gesù c'è spazio per tutto ciò che è umano e per ogni creatura. Dal pastore al fabbro, dal fornaio ai musicisti, dalle donne che portano le brocche d'acqua ai bambini che giocano...: tutto ciò rappresenta la santità quotidiana, la gioia di fare in modo straordinario le cose di tutti i giorni, quando Gesù condivide con noi la sua vita divina. *(n. 6)*

Nel cuore del mistero

Poco alla volta il presepe ci conduce alla grotta, dove troviamo le statuine di Maria e di Giuseppe. Maria è una mamma che contempla il suo bambino e lo mostra a quanti vengono a visitarlo. La sua statuetta fa pensare al grande mistero che ha coinvolto questa ragazza quando Dio ha bussato alla porta del suo cuore immacolato. All'annuncio dell'angelo che le chiedeva di diventare la madre di Dio, Maria rispose con obbedienza piena e totale. Le sue parole: «Ecco la serva del Signore: avvenga per me secondo la tua parola» (*Lc* 1,38), sono per tutti noi la testimonianza di come abbandonarsi nella fede alla volontà di Dio. Con quel "sì" Maria diventava madre del Figlio di Dio senza perdere, anzi consacrando grazie a Lui la sua verginità. Vediamo in lei la Madre di Dio che non tiene il suo Figlio solo per sé, ma a tutti chiede di obbedire alla sua parola e metterla in pratica (cfr *Gv* 2,5).

Accanto a Maria, in atteggiamento di proteggere il Bambino e la sua mamma, c'è San Giuseppe. In genere è raffigurato con il bastone in mano, e a volte anche mentre regge una lampada. San Giuseppe svolge un ruolo molto importante nella vita di Gesù e di Maria. Lui è il custode che non si stanca mai di proteggere la sua famiglia. Quando Dio lo avvertirà della minaccia di Erode, non esiterà a mettersi in viaggio ed emigrare in Egitto (cfr *Mt* 2,13-15). E una volta passato il pericolo, riporterà la famiglia a Nazareth,

dove sarà il primo educatore di Gesù fanciullo e adolescente. Giuseppe portava nel cuore il grande mistero che avvolgeva Gesù e Maria sua sposa, e da uomo giusto si è sempre affidato alla volontà di Dio e l'ha messa in pratica.

(n. 7)

Il Dio bambino

Il cuore del presepe comincia a palpitare quando, a Natale, vi deponiamo la statuina di Gesù Bambino. Dio si presenta così, in un bambino, per farsi accogliere tra le nostre braccia. Nella debolezza e nella fragilità nasconde la sua potenza che tutto crea e trasforma. Sembra impossibile, eppure è così: in Gesù Dio è stato bambino e in questa condizione ha voluto rivelare la grandezza del suo amore, che si manifesta in un sorriso e nel tendere le sue mani verso chiunque.

La nascita di un bambino suscita gioia e stupore, perché pone dinanzi al grande mistero della vita. Vedendo brillare gli occhi dei giovani sposi davanti al loro figlio appena nato, comprendiamo i sentimenti di Maria e Giuseppe che guardando il Bambino Gesù percepivano la presenza di Dio nella loro vita.

«La vita infatti si manifestò» (*1 Gv* 1,2): così l'apostolo Giovanni riassume il mistero dell'Incarnazione. Il presepe ci fa vedere, ci fa toccare questo evento unico e straordinario che ha cambiato il corso della storia, e a partire dal quale anche si ordina la numerazione degli anni, prima e dopo la nascita di Cristo.

Il modo di agire di Dio quasi tramortisce, perché sembra impossibile che Egli rinunci alla sua gloria per farsi uomo come noi. Che sorpresa vedere Dio che assume i nostri stessi comportamenti: dorme, prende il latte dalla mamma, piange e gioca come tutti i bambini! Come sempre, Dio sconcerta, è imprevedibile, continuamente fuori dai nostri schemi. Dunque il presepe, mentre ci mostra Dio così come è entrato nel mondo, ci provoca a pensare alla nostra vita inserita in quella di Dio; invita a diventare suoi discepoli se si vuole raggiungere il senso ultimo della vita. *(n. 8)*

L'insegnamento dei Magi

Quando si avvicina la festa dell'Epifania, si collocano nel presepe le tre statuine dei Re Magi. Osservando la stella, quei saggi e ricchi signori dell'Oriente si erano messi in cammino verso Betlemme per conoscere Gesù, e offrirgli in dono oro, incenso e mirra. Anche questi regali hanno un significato allegorico: l'oro onora la regalità di Gesù; l'incenso la sua divinità; la mirra la sua santa umanità che conoscerà la morte e la sepoltura.

Guardando questa scena nel presepe siamo chiamati a riflettere sulla responsabilità che ogni cristiano ha di essere evangelizzatore. Ognuno di noi si fa portatore della Bella Notizia presso quanti incontra, testimoniando la gioia di aver incontrato Gesù, e il suo amore con concrete azioni di misericordia.

I Magi insegnano che si può partire da molto lontano per raggiungere Cristo. Sono uomini ricchi, stranieri sapienti, assetati d'infinito, che partono per un lungo e pericoloso viaggio che li porta fino a Betlemme (cfr *Mt* 2,1-12). Davanti al Re Bambino li pervade una gioia grande. Non si lasciano scandalizzare dalla povertà dell'ambiente; non esitano a mettersi in ginocchio e ad adorarlo. Davanti a Lui comprendono che Dio, come regola con sovrana sapienza il corso degli astri, così guida il corso della storia, abbassando i potenti ed esaltando gli umili. E certamente, tornati nel loro Paese, avranno raccontato questo

incontro sorprendente con il Messia, inaugurando il viaggio del Vangelo tra le genti. *(n. 9)*

Contemplando Gesù

Davanti al presepe, la mente va volentieri a quando si era bambini e con impazienza si aspettava il tempo per iniziare a costruirlo. Questi ricordi ci inducono a prendere sempre nuovamente coscienza del grande dono che ci è stato fatto trasmettendoci la fede; e al tempo stesso ci fanno sentire il dovere e la gioia di partecipare ai figli e ai nipoti la stessa esperienza. Non è importante come si allestisce il presepe, può essere sempre uguale o modificarsi ogni anno; ciò che conta, è che esso parli alla nostra vita. Dovunque e in qualsiasi forma, il presepe racconta l'amore di Dio, il Dio che si è fatto bambino per dirci quanto è vicino ad

ogni essere umano, in qualunque condizione si trovi.

Cari fratelli e sorelle, il presepe fa parte del dolce ed esigente processo di trasmissione della fede. A partire dall'infanzia e poi in ogni età della vita, ci educa a contemplare Gesù, a sentire l'amore di Dio per noi, a sentire e credere che Dio è con noi e noi siamo con Lui, tutti figli e fratelli grazie a quel Bambino Figlio di Dio e della Vergine Maria. E a sentire che in questo sta la felicità. Alla scuola di San Francesco, apriamo il cuore a questa grazia semplice, lasciamo che dallo stupore nasca una preghiera umile: il nostro "grazie" a Dio che ha voluto condividere con noi tutto per non lasciarci mai soli. *(n. 10)*

FRANCESCO

Dato a Greccio, nel Santuario del Presepe,
1 dicembre 2019

Indice